Serie Nature Upclose

La vida de una mariposa luna

Escrito e ilustrado por John Himmelman

Mazo Publishers

Mariposa Luna
Actias luna

La mariposa luna se encuentra en zonas boscosas del este de Estados Unidos y el suroeste de Canadá. Las orugas se alimentan de las hojas de abedules blancos, nogales y pacanos.

La mariposa luna adulta sale de su capullo a finales de la primavera o principios del verano en el norte. En el sur, en cambio, puede salir en cualquier momento del año. Como resultado, pueden vivir hasta tres generaciones de lunas en un año. Las adultas mueren una semana después del apareamiento. No tienen piezas bucales operativas, por lo que no comen. Su energía proviene de las hojas de las que se alimentan cuando están en fase de oruga.

El nombre "luna" significa "moon" (luna) en latín. La mariposa recibió el nombre de luna porque es una criatura nocturna. Se dice que sus dos largas colas ayudan a dificultar que los murciélagos las localicen con su sonar.

Las mariposas luna suelen ser atraídas por las luces brillantes. Asegúrese de buscarlas cerca de las luces exteriores.

La vida de una mariposa luna
por John Himmelman

ISBN: 978-1-956381-283

Texto e ilustraciones copyright
© 2022 John Himmelman

Publicado por
Mazo Publishers
www.mazopublishers.com
info@mazopublishers.com

Una noche a finales de la primavera, una mariposa luna pone sus huevos en una hoja.

3

Una semana después, las *larvas* de la luna -u orugas- comienzan a eclosionar.

4

Cada oruga sale por su cuenta en busca de alimento.

A medida que pasa el tiempo, la oruga luna cambia y crece.

Por suerte, ¡una avispa cazadora no la ve!

A principios del verano, la larva de la luna empieza a cambiar.

La luna se envuelve en una hoja y la pega con seda.

Las hojas de otoño cubren el *capullo*.
Es difícil de encontrar, incluso para un *pájaro carpintero escapulario*.

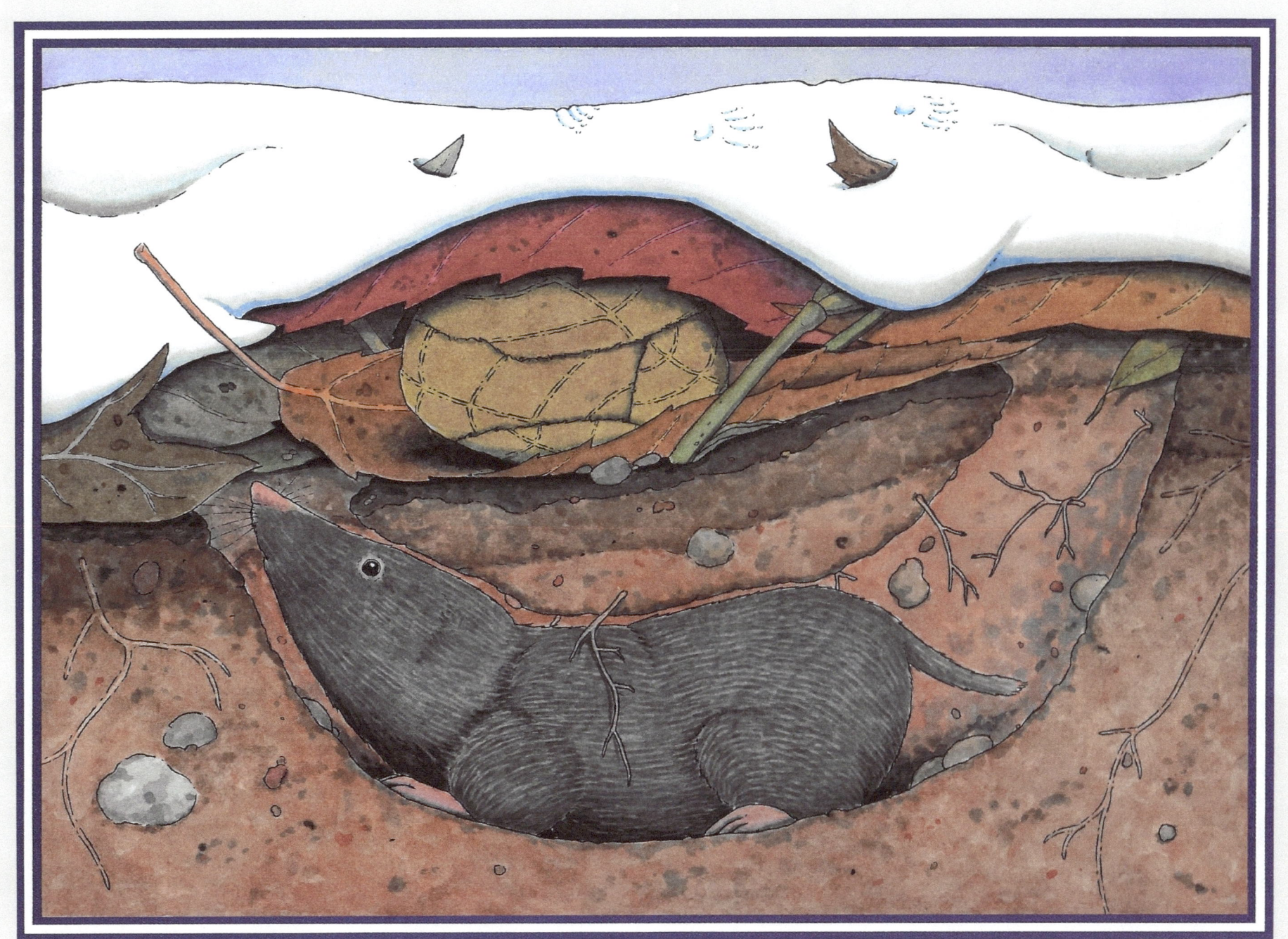

La *pupa* de la luna pasa el invierno envuelta en su capullo.

En una mañana de primavera tardía, el capullo comienza a moverse.

Sale arrastrándose la mariposa luna adulta.

Se sube a una rama para secar sus alas.

Sus alas se despliegan lentamente con la brisa.

Al anochecer, la mariposa luna está lista para volar.

Una luz brillante la atrae.

Vuela a través de una ventana abierta.

Se posa en una pared.

La mariposa luna percibe el peligro, y vuela en dirección contraria.

Pero no hay ningún peligro real. Un niño la libera.

La mariposa luna surca el cielo nocturno.

Se posa en un árbol y emite una llamada silenciosa.

Un macho capta su señal con sus plumosas *antenas*.

Después de aparearse, la luna pone sus huevos bajo la luna de medianoche.

Luego se esconde entre las hojas hasta la noche siguiente.

Una ráfaga de viento la hace caer del árbol.

Un *arrendajo azul* **se abalanza sobre ella, pero sólo consigue un trozo de su ala.**

28

A la mariposa luna le queda un ala de sobra.

Cuando vuelve la noche, vuela y vuela bajo la luna.

Términos que se conocen

Antenas — el par de órganos sensoriales delgados en la cabeza de los insectos y otros animales.

Arrendajo azul — un pájaro azul, blanco y gris que es común en el este y centro de Norteamérica.

Capullo — cubierta que una oruga construye a su alrededor mientras se transforma en un insecto adulto.

Larva — la primera etapa de la vida de un insecto después de la eclosión.

Pájaro carpintero escapulario — un gran pájaro carpintero que es común en toda América del Norte.

Pupa — la segunda etapa de la vida de un insecto en la que pasa de larva a adulto.

Sobre el autor

John Himmelman ha escrito y/o ilustrado más de 85 libros para niños, incluidos otros cinco libros de la serie Nature Upclose. Sus libros han recibido una gran variedad de premios y distinciones. También es un naturalista que disfruta volteando troncos muertos, arrastrándose entre la maleza y contemplando el cielo. Su mayor alegría es compartir estas experiencias con los demás. Todos los años encuentra mariposas luna en su jardín y cree que son mágicas. John vive en Connecticut con su esposa Betsy, que es alfarera. Su hijo Jeff es artista y su hija Lizzie es fotógrafa.

La vida de una rana de bosque

Escrito e ilustrado por John Himmelman

La vida de un gusano de la harina

Escrito e ilustrado por John Himmelman

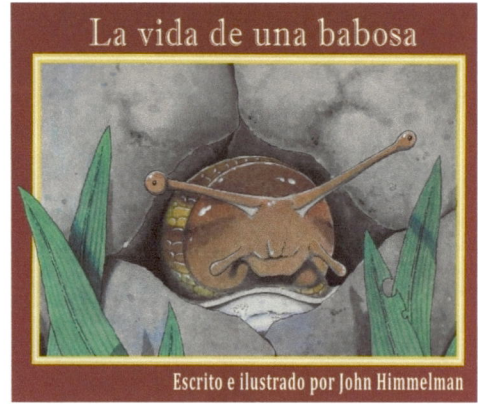

La vida de una babosa

Escrito e ilustrado por John Himmelman

La vida de un ratón

Escrito e ilustrado por John Himmelman

La vida de un colibrí

Escrito e ilustrado por John Himmelman

Otros libros de esta serie